Frühstück!

TINA BUMANN

Frühstück!

35 RAFFINIERTE REZEPTE
FÜR **EARLY BIRDS** UND **LANGSCHLÄFER**

EMF

EIN BUCH DER
EDITION MICHAEL FISCHER

INHALTSVERZEICHNIS

HOCH DIE TASSEN

SCHNELLES FRÜHSTÜCK

SAMSTAGSFRÜHSTÜCK

SONNTAGSBRUNCH

VORWORT

Frühstück ist die wichtigste Mahlzeit des Tages. Mit diesem Satz bin ich groß geworden und höre ihn immer noch in verschiedenen Varianten. Es muss also etwas dran sein.

Komischerweise handelt man aber nicht immer nach dieser Faustregel. Vor allem nicht unter der Woche, wenn frühes Aufstehen angesagt ist. Dann darf, nein, dann muss es sehr schnell gehen. Also eine Tasse Kaffee und vielleicht ein schnelles Müsli. Ein Smoothie oder einfach nur eine Birne. Eine Scheibe Toast, immerhin mit Honig.

Und endlich am Wochenende, im Urlaub oder an Feiertagen wird es zelebriert: das Frühstück. Mit leckeren Dingen, die wir auch vorher zu schätzen wissen. Aber erst jetzt können wir uns diesen Luxus gönnen, da nun die wichtigste Zutat vorhanden ist: Zeit. Zeit, um so richtig zu genießen. Vielleicht nicht nur alleine, sondern zusammen mit der Familie oder mit Freunden. Frühstück und Brunch zusammen mit den Liebsten liegen eng beieinander.

Aber ist es wirklich so, dass ich unter der Woche keine Zeit für ein Frühstück habe? Und was kann ich meinem Wochenend- oder Urlaubsfrühstück noch hinzufügen, damit es mein beziehungsweise unser Lieblingsfrühstück wird?

Mit diesem Buch möchte ich dich mitnehmen auf eine Reise der Möglichkeiten. In „Hoch die Tassen" zeige ich dir, dass leckere und gesunde Gerichte, aber auch kleine Schokosünden im Glas und Becher zu jedem guten Frühstück dazu gehören. Wie ich mein „Schnelles Frühstück" mit weniger Aufwand als gedacht zu etwas Besonderem machen kann. Ich möchte dir zeigen, dass das „Samstagsfrühstück" eins der schönsten Dinge sein kann, mit dem man sich beschäftigt. Dass beim „Sonntagsbrunch", vor allem mit Menschen, die du gern hast, Aufwendiges nicht unbedingt besser ist, sondern dass man auch mit wenig Einsatz „Ich mag dich" sagen kann.

Vom Purple Smoothie über die Frühlingszwiebel-Tarte bis hin zu den Süßkartoffelwaffeln mit Spiegelei und Speck, für jede Gelegenheit finden du und deine Lieben das passende Lieblingsfrühstück. Und vielleicht kann ich mit diesem Buch einen klitzekleinen Teil dazu beitragen, dass ihr in Zukunft die Zeit findet, jeden Tag in Ruhe zu frühstücken.

Hoch die
TASSEN

Avocado-Kiwi-Limetten-
SMOOTHIE

Sauer macht lustig – und wach! Das ist genau der richtige Turbo Booster, wenn der Wecker mal wieder zu leise geklingelt hat!

ZUTATEN

Für 1 Glas (250 ml)

125 ml Mandel- oder Hafermilch

75 ml Limettensaft

1–2 TL Honig

1 reife Avocado, gewürfelt

2 Kiwis, geschält

2–3 Eiswürfel

AUSSERDEM

Mixer

ZUBEREITUNG

1. Gib als Erstes die Mandel- oder Hafermilch zusammen mit dem Limettensaft und dem Honig in den Mixer.

2. Füge anschließend die gewürfelte Avocado sowie die Kiwis hinzu und mixe alles zusammen mit den Eiswürfeln zuerst kurz auf niedrigster Stufe. Erhöhe schrittweise die Geschwindigkeit, bis du einen cremigen und feinen Smoothie hast.

3. Danach in ein großes Glas füllen und am besten sofort genießen.

Tipp

Anstatt der Mandel- oder Hafermilch kannst du je nach Geschmack auch Kokosmilch, Fruchtsaft oder völlig normale Milch nehmen. Jedem das Seine sozusagen!

Kurkuma
TEA LATTE

Achtung – jetzt wird's richtig gesund. Und lecker!

ZUTATEN

Für 1 Glas (250 ml)

1 Tasse Löwenzahnwurzeltee
(alternativ Ingwer- oder Chai-Tee)
½ TL Kurkumapulver
Stück Ingwer, ca. 2 cm, gehackt
schwarzer Pfeffer, frisch gemahlen
Mandelmilch, nach Belieben
Honig, nach Belieben

ZUBEREITUNG

1. Brühe zunächst eine Tasse Löwenzahnwurzeltee entsprechend der Packungsanweisung auf. Gib anschließend das Kurkumapulver, den gehackten Ingwer sowie 1 Prise frisch gemahlenen Pfeffer hinzu. Lass das gewürzte Teewasser 10 Minuten ziehen.

2. Gib nach Belieben noch etwas Mandelmilch und Honig dazu. Der Kurkuma Tea Latte wird am besten kalt genossen und kann auch abends eine leckere Einschlafhilfe sein.

Tipp

Wie die gehypte „goldene Milch" soll dieser schmackhafte Tee entzündungshemmend sowie verdauungsfördernd wirken und das Immunsystem stärken.

Mokka Banana
SMOOTHIE

**Das ist sozusagen ein gesunder Banana Split
zum Wachwerden!**

ZUTATEN
Für 1 Glas (250 ml)

1 große, gefrorene Banane
250 ml Sojamilch
2 Tassen Espresso
2 TL Kakaopulver
½ TL Kakao-Nibs

AUSSERDEM
Mixer

ZUBEREITUNG

1. Je nach Mixer-Kraft die Banane in kleinere Stücke schneiden.

2. Die Milch wird zunächst zusammen mit dem Espresso, den Bananen-stückchen, dem Kakaopulver sowie den Kakao-Nibs in den Mixer gegeben. Am Anfang auf niedrigster Stufe mixen, dann schrittweise die Geschwindigkeit erhöhen und so lange mixen, bis eine gleich-mäßige Flüssigkeit entstanden ist.

Natürlich kannst du anstatt der Soja-milch auch jede andere Milch be-ziehungsweise Milchersatz verwenden.

Purple
SMOOTHIE

I only wanted to see you bathing in the purple rain.

ZUTATEN

Für 2 Gläser (à 250 ml)

1 kleine, rohe und
geschälte Rote Bete

100 g gefrorene Kirschen

50 g gefrorene Himbeeren

1 reife Banane

1 TL Ingwer, gehackt

350 ml Kokosmilch

1 EL Zitronensaft

AUSSERDEM

Mixer

ZUBEREITUNG

1. Die Rote Bete vierteln und zusammen mit den Kirschen, den Himbeeren, der Banane, dem Ingwer, der Kokosmilch sowie dem Zitronensaft in den Mixer geben.

2. Mixe alles gut durch, bis alle Zutaten zu einer cremigen Masse vermischt sind. Gib den Smoothie anschließend in zwei Gläser und genieße ihn am besten sofort.

Cold Brew

CHOCOLATE COFFEE

Kalter Kaffee? Aber sicher doch!

ZUTATEN

Für 8 Gläser (à 250 ml)

180 g Kaffeebohnen, grob gehackt
1 EL Kakaopulver
Milch, nach Belieben

AUSSERDEM

Frischhaltefolie
Eiswürfel
Leinentuch

ZUBEREITUNG

1. Gib die gehackten Kaffeebohnen zusammen mit dem Kakao und 1 Liter Wasser in eine Schüssel und decke diese mit Frischhaltefolie ab. Stelle die Schüssel mindestens 6 Stunden oder am besten über Nacht in den Kühlschrank.

2. Lege anschließend ein Leinentuch über eine zweite Schüssel. Passiere die Masse aus Kaffee, Kakao und Wasser, bis die gesamte Flüssigkeit in die zweite Schüssel getropft ist.

3. Die Kaffeebohnen kannst du wegschütten. Wiederhole den Passiervorgang so oft, bis der Kaffee klar ist.

4. Was am Ende übrig bleibt, nennt sich Konzentrat. Vermische anschließend das Konzentrat nach eigenem Gusto mit Wasser und Milch und serviere es in einem Glas mit Eiswürfeln.

Tipp

Wenn du schlagartig wach werden musst, kannst du einfach weniger Wasser zum Konzentrat hinzugeben. Aber nicht wundern, wenn du den ganzen Tag wie ein Duracell-Häschen durch die Welt hoppelst.

Heiße weiße Schokolade
MIT HASELNÜSSEN

Wenn es draußen frostig kalt ist, gilt die heiße Schoki vielleicht
als einziges Argument, das warme Bett doch zu verlassen!

ZUTATEN

Für 2 Tassen (à 250 ml)

2 Handvoll Haselnüsse

300 ml Milch

300 ml Haselnussmilch

2 Rippen gute, weiße
Schokolade, gehackt

4 cl Haselnusslikör,
z. B. Frangelico, nach Belieben

100 ml Sahne

ZUBEREITUNG

1. Den Backofen auf 200 °C Ober-/Unterhitze vorheizen. Die Haselnüsse
werden auf ein mit Backpapier ausgelegtes Blech gelegt und im Ofen
etwa 15 Minuten geröstet. Anschließend die dunkle Schale mit einem
feuchten Küchentuch vorsichtig abreiben (sie ist nämlich ziemlich bitter).
Die gerösteten Nüsse grob hacken.

2. Die Milch mit der Haselnussmilch und der gehackten Schokolade in
einen Topf geben und so lange erwärmen, bis die Schokolade ge-
schmolzen ist. Wenn du möchtest, kannst du ganz zum Schluss noch
etwas Haselnusslikör hinzugeben.

3. Die Sahne steifschlagen. Die heiße Schokolade auf zwei Tassen aufteilen und die Sahne daraufgeben. Bestreue alles mit den Haselnuss-
kernen und lass die Wärme von innen wirken.

Tipp

Schmeckt natürlich (fast) genauso gut mit
dunkler Schokolade! Dann aber eine mit
mindestens 70 % Kakaoanteil verwenden.

Chai-Sirup
HOMEMADE

So einfach holt man sich das Weihnachtsmarkt-Feeling
an den Frühstückstisch!

ZUTATEN

Für 1 Flasche (400 ml)

FÜR DEN SIRUP

150 g brauner Zucker

3 Beutel Schwarztee

2 Zimtstangen

2 Sternanis

1 Vanilleschote, der Länge
nach aufgeschnitten

1 TL gemahlener Kardamom
oder 5 Kardamomkapseln

10 Nelken

Stück Ingwer, 1 cm,
in Scheiben geschnitten

Muskat, gemahlen

ZUM SERVIEREN

heiße Milch

Sahne, geschlagen

1 TL Zimt

ZUBEREITUNG

1. 600 ml Wasser und den Zucker zusammen in einen Topf geben und beides unter Rühren aufkochen lassen. Hänge anschließend die Teebeutel in den Sirup und reduziere die Hitze.

2. Als Nächstes die Zimtstangen, den Sternanis, die Vanilleschote, den Kardamom, die Nelken, den Ingwer und 1 Prise Muskat ebenfalls in den Topf mit dem Sirup geben.

3. Lass alles 20 Minuten leicht köcheln, dabei immer wieder umrühren. Die Teebeutel nach etwa der Hälfte der Zeit rausnehmen, sonst wird der Sirup eventuell etwas bitter.

4. Den Sirup durch einen Papierfilter (oder Teesieb o. Ä.) in eine Schüssel abgießen. Den Chai-Sirup abkühlen lassen und in eine Flasche umfüllen.

5. Zum Servieren einen Teil Sirup mit zwei bis drei Teilen Milch aufgießen. Etwas Sahne aufschlagen, diese über die Sirupmilch geben und mit etwas Zimt anrichten. Fertig ist der selbstgemachte Chai Latte.

Tipp

Der Sirup hält sich – je nach Gier –
gekühlt bis zu einem halben Jahr!

Schnelles FRÜHSTÜCK

Chili-Buchweizen-
CRACKER

Fluchtartig das Haus verlassen, weil die Schlummertasten-Funktion zu sehr ausgereizt wurde? Hier hast du das perfekte Rezept für ein schnelles Knusper-Frühstück unterwegs.

ZUTATEN

Für 12 Stück

2 Eiweiß

1 TL Salz

2 EL Agavendicksaft

1 TL Chiliflocken

100 g feiner Buchweizenschrot

50 g Sesam

70 g Sonnenblumenkerne

70 g Kürbiskerne

ZUBEREITUNG

1. Heize den Backofen auf 120 °C Ober-/Unterhitze vor und lege ein Backblech mit Backpapier aus.

2. Schlage das Eiweiß in einer Schüssel schaumig und gib dann Salz, Agavendicksaft und Chiliflocken hinzu. Rühre nun den Buchweizenschrot, den Sesam und die Kerne unter die Eiweißmasse.

3. Setze anschließend mithilfe eines Esslöffels zwölf gleichmäßige, etwa walnussgroße Häufchen auf das Blech. Die Masse erscheint jetzt noch etwas krümelig, verbindet sich aber beim Backen und wird fest. Die Häufchen mit dem Löffel etwas flach drücken und etwa 20 Minuten backen, bis sie goldbraun sind.

4. Die Cracker aus dem Ofen nehmen und etwas abkühlen lassen.

Tipp

Dazu passen z. B. allerlei herzhafte Frischkäsedips, ein Kräuterquark oder auch die leckere Tomaten-Speck-Marmelade, die du auf S. 73 findest.

Erdbeer-Schoko-
MÜSLIRIEGEL

Diese Müsliriegel schmecken wie „Cornetto Erdbeer" und
machen Eis nun endlich auch frühstückstauglich!

ZUTATEN

Für 10 leckere Riegelchen

150 g Haferflocken
2 EL Sonnenblumenkerne
4 EL gehackte Haselnüsse
3 EL gefriergetrocknete Erdbeeren
3 EL Schokotropfen
4 EL Apfelmus
50 ml Ahornsirup

AUSSERDEM
Auflaufform (20 x 20 cm)

ZUBEREITUNG

1. Zunächst den Backofen auf 180 °C Ober-/Unterhitze vorheizen. Mische dann in einer Schüssel alle trockenen Zutaten, also die Haferflocken, die Sonnenblumenkerne, die Haselnüsse, die Erdbeeren und schließlich auch die Schokotropfen.

2. Lege eine kleine Auflaufform mit Backpapier aus.

3. Gib nun das Apfelmus und den Ahornsirup zur Haferflockenmischung und vermenge alles gründlich.

4. Die homogene Masse in die Auflaufform geben, alles glatt streichen und anschließend fest andrücken. Auf der mittleren Schiene etwa 25 Minuten backen, bis das Riegelbrot goldbraun ist.

5. Nimm die Form heraus und lass die Masse etwas abkühlen. Am besten schneidest du die Riegel, während die Masse noch lauwarm ist. Danach aber vor dem Verstauen unbedingt komplett auskühlen lassen.

Tipp

Luftdicht verpackt halten sich diese leckeren
Riegelchen im Kühlschrank etwa eine Woche.

Blueberry Overnight Oats
MIT PECANNÜSSEN UND KIWI

Ziemlich praktisch, wenn das Frühstück gestern Abend
schon in den Startlöchern stand, oder?

ZUTATEN

Für 4 Portionen

250 g frische oder TK-Heidelbeeren
und ein paar mehr zum Dekorieren

80 g Ahornsirup

250 g Haferflocken

500 ml Mandelmilch

1 TL Vanilleextrakt

1 Prise Zimt

4 EL Pecannüsse

2 Kiwis

AUSSERDEM

Mixer

Klarsichtfolie

ZUBEREITUNG

1. Die Heidelbeeren werden zusammen mit dem Ahornsirup in den Mixer gegeben und fein püriert.

2. Vermische nun das Heidelbeerpüree mit den Haferflocken, der Mandelmilch, dem Vanilleextrakt und dem Zimt und decke die Schüssel mit Klarsichtfolie ab.

3. Die Schüssel für ein paar Stunden oder am besten über Nacht in den Kühlschrank stellen und ziehen lassen.

4. Zuletzt nur noch den Haferflockenbrei auf vier Schüsselchen verteilen, diese gleichmäßig mit den Pecannüssen bestreuen und mit je einer halben Kiwi dekorieren, fertig!

Tipp

Wer keine Heidelbeeren mag, der kann natürlich auch nach Belieben auf jede andere Beere zurückgreifen.

Salted Caramel
GRANOLA

Ganz Ausgeschlafene bereiten am Wochenende
die ganze Müsliwochenration vor und knuspern dann
unter der Woche munter drauf los!

ZUTATEN

Für 6 Portionen

400 g zarte Haferflocken
150 g Haselnüsse, grob gehackt
100 g blanchierte Mandeln, grob gehackt
50 g gesalzene Erdnüsse, grob gehackt
100 ml Rapsöl
150 ml Ahornsirup
125 g Salzkaramellcreme (z. B. von S. 53)
1 TL grobes Meersalz

ZUBEREITUNG

1. Den Backofen auf 180 °C Ober-/Unterhitze vorheizen.

2. Die Haferflocken und die Nüsse auf ein mit Backpapier ausgelegtes Backblech geben und gründlich vermengen.

3. In einer Schüssel das Rapsöl, den Sirup sowie die Karamellcreme verrühren, bis eine gleichmäßige, flüssige Masse entsteht. Diese über die Haferflocken-Nuss-Mischung auf dem Backblech geben.

4. Vermische alles miteinander – am besten geht das mit beiden Händen. Alle trockenen Zutaten sollten gut mit der Flüssigkeit benetzt sein.

5. Anschließend das Meersalz darüber streuen und im vorgeheizten Backofen etwa 30 Minuten backen. Dabei gelegentlich umrühren, damit es von allen Seiten gleichmäßig braun wird. Das Müsli auf dem Backblech komplett auskühlen lassen.

6. Nun kannst du es mit den Fingern „zerkrümeln", bis das Granola die Konsistenz hat, die dir am besten schmeckt.

7. In ein Aufbewahrungsglas umfüllen und Tag für Tag genießen.

Tipp

Dieses Müsli passt praktisch zu allem –
ich persönlich könnte mich in die Kombination mit griechischem Joghurt, Feige
und zusätzlich noch etwas mehr Salzkaramellcreme reinlegen!

Himbeer-Açaí-
SMOOTHIE-BOWL

Allein die Farbe macht schon munter, aber warte ab,
bis du erst alle Vitamine intus hast!

ZUTATEN

Für 1 Bowl

FÜR DIE BOWL

1 Banane (wahlweise gefroren)

150 g TK-Himbeeren

100 g Joghurt

1 gehäufter TL Açaí-Pulver

FÜR DAS TOPPING

frische Früchte

AUSSERDEM

Mixer

ZUBEREITUNG

1. Die Banane schälen und in Stücke schneiden.

2. Die Bananenstücke, die tiefgekühlten Beeren, den Joghurt und das Açaí-Pulver in den Mixer geben und alles gut durchpürieren.

3. Die pürierte Masse in eine Müslischüssel geben und anschließend mit Früchten und Beeren dekorieren. Besonders gut eignen sich hier z. B. Himbeeren, Johannisbeeren und Brombeeren. Feigen und Minzeblätter sind ein besonderer Hingucker.

Tipp

Beim Topping sind deiner Fantasie natürlich keine Grenzen gesetzt. Neben Früchten kannst du z. B. auch Chia-Samen (ca. 1 EL pro Bowl), Kokosflocken oder verschiedene gehackte Nüsse verwenden.

Pflaumen-Chutney
AUF ROSINENSTUTEN-SANDWICH

Gib deinem normalen Marmeladenbrot heute doch
mal frei und probier etwas Neues!

ZUTATEN

Für 4 Gläser Chutney (à 280 ml)

FÜR DAS CHUTNEY

500 g Pflaumen, gewaschen,
fein gewürfelt

300 g Äpfel, geschält, entkernt, gewürfelt

300 g rote Zwiebeln, gewürfelt

150 g getrocknete Pflaumen,
fein gewürfelt

1 kleine Chilischote, fein geschnitten

Stück Ingwer, 3–5 cm, sehr fein gewürfelt

200 g brauner Zucker

200 ml Balsamicoessig, dunkel

2 TL getrockneter Thymian

2 Sternanis

Pfeffer

FÜR DAS SANDWICH

2 Scheiben Rosinenstuten (vom Bäcker)

4–5 Scheiben Camembert

etwas Butter

etwas Rettichkresse oder Pflücksalat

AUSSERDEM

4 Einmachgläser (280 ml)

ZUBEREITUNG

1. Vermenge die Pflaumen- und Apfelstücke, die Zwiebel- und getrockneten Pflaumenwürfel, Chili, Ingwer, Zucker und den Balsamicoessig in einem großen Topf. Thymian und Sternanis hinzugeben.

2. Alles unter stetigem Rühren zum Kochen bringen. Das Chutney bei mittlerer Hitze im offenen Topf rund 45 Minuten kochen lassen, dabei immer wieder umrühren. Es sollte währenddessen zunehmend fester werden und Bindung bekommen. Falls es noch zu flüssig sein sollte, weitere 10 Minuten köcheln lassen.

3. Mit Pfeffer abschmecken und noch heiß in ausgekochte Gläser füllen. Diese gut verschließen, 5 Minuten auf den Deckel stellen, erst dann wieder umdrehen und abkühlen lassen.

4. Bestreiche eine Scheibe der Rosinenstuten mit etwas Butter und belege es mit den Käsescheiben. Gib großzügig 2–3 TL Pflaumenchutney darüber und bestreue alles anschließend mit dem Grünzeug. Lege zuletzt die zweite Rosinenstutenscheibe darauf. Und fertig ist das Sandwich mit dem feinen selbstgemachten Chutney.

Tipp

Geöffnet hält sich das Chutney im Kühlschrank etwa 2–3 Wochen.

Griechischer Joghurt
MIT SAFRAN-VANILLE-BIRNEN

Hier geht die Sonne mitten in deinem Teller auf!

ZUTATEN

Für 4 Portionen

FÜR DIE POCHIERTEN BIRNEN

4 feste, kleine Birnen
Saft von 1 Zitrone
Mark von 1 Vanilleschote
2 TL gemahlener Safran
150 g Zucker

FÜR DEN JOGHURT

500 g griechischer Joghurt
4 TL Honig
Mandelblättchen, nach Belieben

AUSSERDEM

Schaumkelle

ZUBEREITUNG

1. Die Birnen schälen, halbieren und entkernen – das geht am besten mit einem kleinen Melonenkugelausstecher. Die Hälften in eine Schüssel legen und mit dem Zitronensaft beträufeln, damit sie nicht braun werden.

2. 1 Liter Wasser zusammen mit der ausgekratzten Vanilleschote, dem Safran und dem Zucker in einem großen Topf zum Kochen bringen.

3. Reduziere die Hitze anschließend wieder und rühre so lange um, bis der Zucker sich komplett aufgelöst hat.

4. Die Birnen in den Sud geben und ungefähr 10 Minuten (abhängig von der Größe) leicht simmern lassen. Drehe sie nach der Hälfte der Zeit um, damit sie von beiden Seiten garen und gelb werden.

5. Die Birnen mit einer Schaumkelle herausnehmen und auf einem separaten Teller leicht abkühlen lassen. Den Sud weiter einkochen lassen, bis er etwa auf die Hälfte reduziert ist.

6. Anschließend den Joghurt mit dem Honig verrühren und ihn gleichmäßig auf 4 Schüsseln verteilen.

7. Jeweils 2 Birnenhälften darauf geben, alles mit dem Sud beträufeln und nach Belieben Mandelblättchen als Topping über die Birnen streuen.

Tipp

Anstatt der Birnen kannst du natürlich auch Äpfel verwenden. Mit Mirabellen oder Renekloden (Edel-Pflaumen) schmeckt der Joghurt auch wunderbar.

Samstags
FRÜHSTÜCK

Pink Grapefruit
CURD

Very british indeed – aber ausnahmsweise mal nicht
in zitronengelb, sondern in grapefruitpink!

ZUTATEN

Für 1 Glas (250 ml)

100 ml Pink-Grapefruit-Saft
(ca. 1–2 Grapefruits),
frisch gepresst

100 g Zucker

3 Eigelb

75 g weiche Butter

AUSSERDEM

1 Marmeladenglas (250 ml),
ausgekocht

ZUBEREITUNG

1. Den frisch gepressten Grapefruitsaft zusammen mit dem Zucker in einen Topf geben und beides kurz aufkochen lassen.

2. Das Eigelb gut verrühren und nach und nach die aufgekochte Zucker-Saft-Mischung dazugeben.

3. Diese Masse nun wieder zurück in den Topf geben und bei niedriger Hitze unter ständigem Rühren einmal sanft aufkochen lassen.

4. Nun immer weiter rühren (die Masse darf nicht mehr kochen, sonst hast du Rührei im Topf, weil das Ei stockt), bis die Masse angezogen hat und leicht dicklich geworden ist.

5. Anschließend die weiche Butter in kleine Portionen teilen, schrittweise zur Masse hinzugeben und weiter verrühren.

6. Den Topf vom Herd nehmen und den Curd leicht abkühlen lassen. Die optimale Konsistenz hat er, wenn er dickflüssig vom Schneebesen tropft. Die Masse nun in das ausgekochte Glas geben, das dann gut verschlossen und 5 Minuten auf den Deckel gestellt wird. Den Curd im Kühlschrank komplett abkühlen lassen.

Tipp

Anstatt des Grapefruitsafts kannst du natürlich auch Limetten- oder Zitronensaft nehmen. Man munkelt, dass der Curd auch mit Rhabarber ein prima Pärchen abgibt.

Bircher-Müsli-
MUFFINS

Deine Kids sind keine Müslifreaks, aber für Muffins
würden sie sogar freiwillig aufstehen? Na dann habe ich
hier das richtige Müsli-Motivationsrezept!

ZUTATEN

Für 12 Muffins

2 Eier (Größe L)

150 ml Naturjoghurt (Vollfettstufe)

50 ml Rapsöl

100 g ungesüßtes Apfelmus

1 reife Banane, zerdrückt

4 TL flüssiger Honig

200 g Vollkorn-Dinkelmehl (Type 812)

50 g grobe Haferflocken und etwas
mehr zum Bestreuen

1 TL Backpulver

1 TL Natron

1 TL Zimt

2 EL Kürbiskerne

AUSSERDEM

12er-Muffinblech

12 Papier-Muffinförmchen

ZUBEREITUNG

1. Den Backofen auf 180 °C Ober-/Unterhitze vorheizen und ein Muffin-
blech mit zwölf Papierförmchen füllen.

2. Eier, Joghurt, Öl, Apfelmus und die zerdrückte Banane (es macht
nichts, wenn sie schon braune Stellen hat) in einer großen Schüssel
vermengen. Anschließend den Honig dazugeben.

3. Danach werden das Mehl, ein großer Teil der Haferflocken, das
Backpulver, das Natron und der Zimt hinzugegeben. Alle Zutaten zu
einer homogenen Masse vermischen.

4. Nun den Teig gleichmäßig auf die Muffinförmchen verteilen (mit
einem Eisportionierer fällt das besonders leicht).

5. Die übrig gebliebenen Haferflocken und die Kürbiskerne gleichmäßig auf den Muffins verteilen und etwa 25–30 Minuten im vorgeheizten Backofen goldbraun backen.

Tipp

Wer zusätzlich auch schon eine der fünf
empfohlenen Tagesportionen Obst integrieren
möchte, kann etwa 100 g Obst seiner Wahl
(Himbeeren, Blaubeeren, Kirschen etc.) im
Teig verstecken.

Zitrusfrüchtesalat
MIT KOKOSDRESSING

Süß, bitter, crunchy und saftig —
ein Salat voller Vitamine!

ZUTATEN

Für 1 große Portion

FÜR DEN SALAT

1 Blutorange
1 Saftorange
1 Pink Grapefruit
1 Zitrone

FÜR DAS DRESSING

2 EL Honig
2 EL Zitronensaft
50 ml Kokosmilch

ZUM GARNIEREN

2 EL Kokosraspel
Minzeblätter

ZUBEREITUNG

1. Alle Früchte in dünne Scheiben schneiden und sorgfältig von der Schale und eventuell von Kernen entfernen.

2. Die Scheiben auf einem großen Teller anrichten.

3. Verrühre für das Dressing den Honig, den Zitronensaft und die Kokosmilch miteinander und träufle alles über die Fruchtscheiben.

4. Streue die Kokosraspel über den fruchtigen Salat und garniere ihn nach Belieben mit den Minzeblättern.

Tipp

Die leckeren und hübschen Blutorangen der Sorte Moro sind von Januar bis März erhältlich.

Bagel-Brot
FÜR BREAKFAST-HUNGRIGE

Surprise, surprise — hier wandern die Bagels nicht einzeln in den Brotkorb,
sondern kommen gleich geballt ums Eck! Für den großen Bagel-Hunger also!

ZUTATEN

Für 1 Kastenform (30 cm)

220 g Weizenmehl (Type 405)
150 g Dinkelmehl (Type 630)
Salz
1½ TL Trockenhefe
2 EL Zucker
Natron
1 Ei (Größe M), verquirlt
Körner zum Bestreuen, nach Belieben

AUSSERDEM

Küchenmaschine
Öl zum Einfetten
Pinsel
Kastenform (30 cm oder 1 l Inhalt)

ZUBEREITUNG

1. Als Erstes die beiden Mehlsorten zusammen mit 2 Teelöffel Salz in
der Schüssel deiner Küchenmaschine vermischen.

2. Die Hefe zusammen mit 125 ml lauwarmem Wasser und 1 Esslöffel
Zucker in einem Glas verrühren und etwa 10 Minuten stehen lassen.

3. Stelle weitere 125 ml lauwarmes Wasser bereit. Gib das Hefegemisch
und die Hälfte des Wassers zum Mehl und beginne, den Teig zu
kneten. Sollte er zu fest sein, nach und nach das restliche Wasser hinzugeben und weitere 10 Minuten kneten. Anschließend die Schüssel mit
einem feuchten Tuch bedecken und den Teig an einem warmen Ort
1 Stunde gehen lassen. Er sollte sein Volumen ungefähr verdoppeln.

4. Den Teig aus der Schüssel nehmen und in 5 bis 6 gleich große Teile
aufteilen, die du jeweils zu einer Kugel formst, etwas flach drückst und anschließend auf ein bemehltes Backblech legst. Die Tieflader mit einer
Frischhaltefolie abdecken, die du vorher mit Öl bepinselt hast, und erneut
etwa 30 Minuten gehen lassen.

5. In der Zwischenzeit 2 Liter Wasser in einem Topf erhitzen, bis es köchelt.
Etwas Salz, das Natron und einen halben Teelöffel Zucker hinzugeben.

6. Währenddessen die Kastenform mit Öl einfetten und den Backofen
auf 170 °C Ober-/Unterhitze vorheizen.

7. Die Teigfladen nun einzeln in das simmernde Wasser geben und von
jeder Seite 1 Minute kochen. Anschließend reihst du in der vorbereiteten
Kastenform Teigfladen an Teigfladen aneinander.

8. Streiche das verquirlte Ei mit einem Pinsel in die Nahtstellen und
auf die Oberfläche der Rollen und bestreue sie nach Belieben mit den
Körnern (z. B. Sesam-, Sonnenblumen- und Kürbiskerne).

9. Das Brot 35–40 Minuten backen, bis es goldbraun ist, aus dem
Ofen nehmen und etwas in der Form ruhen lassen, bevor es auf einem
Kuchengitter komplett auskühlen kann.

Salzkaramellcreme

WIE BEI DEN BRETONEN

Nutella war gestern — heute gibt's zum Frühstück
etwas Salzig-Cremiges!

ZUTATEN

Für 1 Glas (250 ml)

200 g Zucker
100 g Butter, gewürfelt
2 TL Fleur de Sel
160 g Sahne

AUSSERDEM

1 Marmeladenglas (250 ml),
ausgekocht

ZUBEREITUNG

1. Als Erstes den Zucker in eine ausreichend große Pfanne geben und ihn bei schwacher Hitze langsam schmelzen lassen. Das kann gut und gerne etwa 15 Minuten dauern – bitte nicht die Geduld verlieren und auf keinen Fall mit irgendwelchen Hilfsmitteln wie Kochlöffeln, Gabeln oder Ähnlichem darin herumrühren.

2. Sobald das Karamell eine leicht gold-braune Farbe hat, die Butter hineinrühren und das Fleur de Sel hinzugeben.

3. Die Sahne in einem Topf erwärmen, bis sie ungefähr handwarm ist, anschließend vorsichtig in die Karamellmasse rühren. Danach erhöhst du die Temperatur und lässt alles etwa 2 Minuten kochen.

4. Zuletzt füllst du die Karamellcreme in das vorbereitete Marmeladenglas und schraubst dieses gut zu. Das Glas im Anschluss 5 Minuten auf den Deckel stellen und abkühlen lassen.

5. Geöffnet hält sich die Creme ungefähr 3–4 Tage im Kühlschrank.

Tipp

Als Topping für den Eisbecher, als i-Tüpfelchen für den Rührkuchen oder als Bestandteil für das Granola auf S. 33 – diese Creme ist ein wahrer Tausendsassa!

Weißes Omelette
MIT SPINAT UND TOMATEN

Wer sagt denn eigentlich, dass ein Omelette
immer gelb sein muss?

ZUTATEN

Für 1 Portion

½ Zwiebel, gehackt

1 Handvoll frischer Babyspinat

3 Eiweiß

3–4 Cocktailtomaten, in Scheiben

Salz

Pfeffer

AUSSERDEM

mittelgroße, ofenfeste Form

etwas Öl zum Braten und Fetten

ZUBEREITUNG

1. Den Backofen auf 180 °C Ober-/Unterhitze vorheizen. Eine mittelgroße, ofenfeste Form mit etwas Öl einfetten.

2. Etwas Öl in eine kleine Pfanne geben, erhitzen und die gehackte Zwiebel darin kurz anschwitzen.

3. Anschließend den gewaschenen und abgetropften Spinat hinzugeben und kurz erhitzen, bis er in sich zusammenfällt. Die Pfanne vom Herd nehmen und kurz beiseite stellen.

4. Das Eiweiß in die eingefettete Form geben und den sautierten Spinat sowie die Tomatenscheiben darauf verteilen.

5. Die Form in den heißen Backofen stellen und das Ganze so lange im Ofen lassen, bis das Eiweiß fest geworden ist. Nach dem Herausnehmen kräftig mit Salz und Pfeffer würzen.

Tipp

Besonders lecker schmeckt anstelle des
Spinats auch frischer Bärlauch.

Tipp

Die Brioche-Scheiben (alternativ schmecken auch Toastbrot, Hefezopf oder Weißbrot) kannst du über Nacht im Kühlschrank durchziehen lassen. Dann darfst du am Morgen noch ein paar Minütchen länger träumen.

Double Hot Chocolate
FRENCH TOAST

Schokolade macht glücklich, viel Schokolade
macht glücklicher. So viel Schokolade vergrault selbst
die stärksten Morgenmuffel-Gene!

ZUTATEN

Für 4 Portionen

FÜR DIE GANACHE

150 ml Sahne

250 g Zartbitterschokolade
(mind. 70 % Kakaoanteil), grob gehackt

1 TL Butter

2 TL Instant Espresso-Pulver

FÜR DEN FRENCH TOAST

150 ml Milch

4 EL Kakaopulver

3 Eier (Größe M)

1 TL Vanilleextrakt

Salz

8 dicke Scheiben Brioche

FÜR DAS TOPPING

4 EL Crème fraîche

Obst, nach Belieben

AUSSERDEM

Auflaufform (20 x 30 cm)

2 EL Butter zum Braten

ZUBEREITUNG

1. Sahne, Schokolade und Butter in eine Schüssel geben und alles über einem heißen Wasserbad zum Schmelzen bringen.

2. Sobald die Masse flüssig ist, das Espressopulver hinzugeben und alles noch einmal kräftig verrühren. Die Ganache zum Abkühlen etwa 30 Minuten in den Kühlschrank stellen. Aber Vorsicht: nicht zu lang, denn die Masse sollte streichfähig bleiben!

3. Die Milch (in der Mikrowelle oder in einem Topf) erwärmen und das Kakaopulver hinzugeben. Alles verrühren und anschließend etwa 5 Minuten abkühlen lassen.

4. Die Eier zusammen mit dem Vanilleextrakt und 1 Prise Salz in der Auflaufform verrühren und die warme Schokoladenmilch dazugeben. Alles gut miteinander vermischen.

5. Die Ganache aus dem Kühlschrank holen und jeweils eine Seite der Brioche-Scheiben damit bestreichen.

6. Nun immer zwei Scheiben mit der bestrichenen Seite aneinanderlegen, sodass eine Art Sandwich entsteht. Die vier Sandwiches in der Auflaufform mit der Kakaomilch platzieren.

7. Stelle die Auflaufform insgesamt 30 Minuten in den Kühlschrank. Nach der Hälfte der Zeit die Brioche-Scheiben einmal wenden und zurück in den Kühlschrank stellen.

8. Die Butter in eine Pfanne geben, erhitzen und die Brioche-Doppeldecker darin nacheinander knusprig ausbraten.

9. Zuletzt den French Toast aus der Pfanne nehmen, noch etwas Crème fraîche und Obst darüber geben und warm servieren.

Tipp

Natürlich kann man die Tarte auch in einer 24er-Form backen!

Blaubeer-Pistazien-
TARTELETTES

**Ein Kuchen zum Frühstück? Nein! Viele kleine Küchlein
zum Frühstück? Aber sicher doch!**

ZUTATEN

Für 10 kleine Tartelette-Formen (Ø 8 cm)

FÜR DEN TEIG

50 g Zucker
1 Päckchen Vanillezucker
225 g Weizenmehl (Type 405)
½ Päckchen Backpulver
Salz
50 ml Milch
50 ml Sonnenblumenöl
130 g Magerquark

FÜR DEN BELAG

175 g gemahlene Pistazien
130 g Zucker
¼ TL Salz
2 Eier
2 EL flüssige Butter
1 TL flüssiges Vanilleextrakt

FÜR DAS TOPPING

500 g Blaubeeren, gewaschen
60 g gehackte Pistazien

AUSSERDEM

10 kleine Tartelette-Formen (Ø 8 cm)
etwas Butter zum Einfetten
Nudelholz
Mehl zum Ausrollen

ZUBEREITUNG

1. Zucker, Vanillezucker, Mehl, Backpulver und 1 Prise Salz in einer großen Rührschüssel vermengen. Anschließend Milch, Öl und Quark hinzugeben und alles zu einem glatten Teig verkneten. Den Teig in Frischhaltefolie wickeln und 60 Minuten in den Kühlschrank legen.

2. Die gemahlenen Pistazien mit Zucker und Salz vermischen. Die Eier zusammen mit der Butter und dem Vanilleextrakt hinzugeben und alles zu einer homogenen Creme verrühren.

3. Fette die Tartelette-Formen und heize den Ofen auf 175 °C Umluft vor.

4. Den gekühlten Teig auf der bemehlten Arbeitsfläche gleichmäßig ausrollen und mit den Tarteletteformen Kreise ausstechen. Lege den Teig nun jeweils in eine Form und bilde dabei einen Rand.

5. Die Creme gleichmäßig in die kleinen Förmchen verteilen und jeweils etwa 1–2 EL der Blaubeeren darauf geben. Anschließend alles mit den gehackten Pistazien bestreuen.

6. Die Tartelettes sollten im vorgeheizten Ofen ungefähr 35 Minuten gebacken werden, bis sie goldbraun sind.

Süßkartoffelwaffeln
MIT SPECK UND SPIEGELEI

Ich würde ja fast behaupten: ein Frühstück für Baumfäller!

ZUTATEN

Für 4 Portionen

FÜR DIE WAFFELN

1 Süßkartoffel (ca. 450 g)

50 g flüssige Butter

3 Eier (Größe M)

Salz

1 EL Weizenmehl (Type 405)

FÜR DIE BEILAGEN

8 Scheiben Frühstücksspeck

4 Eier (Größe M)

Chiliflocken, nach Belieben

ZUBEREITUNG

1. Heize den Backofen auf 200 °C Ober-/Unterhitze vor.

2. Gib die Süßkartoffel in eine ofenfeste Form und pikse sie mit einem Messer oder einem Holzspieß mehrmals ein.

3. Die Süßkartoffel im heißen Backofen etwa 45–60 Minuten backen. Eine gare Süßkartoffel erkennst du daran, dass ein karamellisierter Saft austritt und sie leicht in sich zusammenfällt.

4. Nimm die Süßkartoffel aus dem Backofen und schneide sie längs auf. Löse das Fruchtfleisch mit einem Teelöffel vorsichtig aus der Schale, lass es auskühlen und zerstampfe es zu Brei.

5. In der Zwischenzeit kanst du bereits das Waffeleisen vorheizen und währenddessen die Heizplatten etwas einfetten.

6. Die Eier trennen, das Eiweiß steifschlagen und zur Seite stellen.

7. Das Eigelb mit der geschmolzenen Butter, 1 Prise Salz und dem Mehl sowie dem Süßkartoffelstampf vermischen. Die Masse mit einem Handrührgerät zu einem geschmeidigen Teig verrühren.

8. Hebe anschließend das Eiweiß vorsichtig unter den Teig.

9. Gib den Teig portionsweise in das Waffeleisen, verstreiche ihn gut und lass die Waffeln goldbraun ausbacken.

10. In der Zwischenzeit den Speck in einer Pfanne knusprig ausbacken und aus den 4 Eiern Spiegeleier braten.

11. Die Spiegeleier zusammen mit dem Speck und den Waffeln anrichten, mit Chiliflocken garnieren und genießen.

Milchreis-Brûlée
MIT BROMBEERKOMPOTT

Ein Frühstück für die Seele!

ZUTATEN

Für 6 Portionen

FÜR DEN MILCHREIS

150 g Milch

100 g Milchreis

1 Vanilleschote

2 Eigelb

50 g Zucker

FÜR DAS KOMPOTT

400 g Brombeeren

4 EL Zucker

1 EL Zitronensaft

75 ml dunkler Traubensaft

1 gestrichener EL Speisestärke

FÜR DIE ZUCKERKRUSTE

Zimt

30 g brauner Rohrzucker

AUSSERDEM

6 kleine Auflaufförmchen

Metall-Fettpfanne oder eine große Auflaufform

Küchenbunsenbrenner

ZUBEREITUNG

1. Den Ofen auf 175 °C Ober-/Unterhitze vorheizen.

2. Milch, Reis und das Vanillemark sowie die ausgekratzte Schote in einen Topf geben und auf mittlerer Hitze leicht zum Simmern bringen.

3. Ungefähr 15 Minuten simmern lassen, bis fast die ganze Flüssigkeit aufgesogen ist. Nun das Eigelb und den Zucker hinzugeben und vermengen. Die Masse einmal kurz aufkochen lassen, dann vom Herd nehmen. Die Vanilleschote aus dem Reis nehmen.

4. Den Milchreis gleichmäßig auf die kleinen Auflaufförmchen aufteilen und sie in die Fettpfanne stellen. So viel Wasser hinzugeben, dass die Formen etwa zur Hälfte im Wasser stehen.

5. Anschließend die Fettpfanne in den Ofen stellen und die Milchreis-Schälchen 15 Minuten im Wasserbad garen lassen.

6. In der Zwischenzeit für das Kompott die Beeren, den Zucker, den Zitronen- und den Traubensaft sowie die Speisestärke in einen Topf geben, kurz aufkochen lassen und wieder vom Herd nehmen.

7. Den Milchreis aus dem Ofen nehmen und etwas abkühlen lassen. Gleichmäßig mit dem Zimt und dem braunen Zucker bestreuen und die Zuckerschicht vorsichtig mit dem Bunsenbrenner karamellisieren. Die Förmchen zusammen mit dem Kompott servieren.

Tipp

Genauso gut wie Brombeerkompott schmeckt dazu auch ein Vanille-Rhabarberkompott!

Kurkuma-Cheddar-
KRÄUTERBROT

Damit überrascht ihr eure Frühstücksgäste, wetten?

ZUTATEN

Für 1 Springform (Ø 26 cm)

500 g Weizenmehl (Type 405)
1 Päckchen Trockenhefe
Salz
2 TL Kurkuma
schwarzer Pfeffer, frisch gemahlen
30 ml Olivenöl
250 g Cheddar, fein gerieben
2 Frühlingszwiebeln,
in Ringe geschnitten
2 EL Schnittlauch, gehackt
2 Knoblauchzehen, gehackt

AUSSERDEM

Springform (Ø 26 cm)
Mehl für die Arbeitsfläche
Butter zum Einfetten

ZUBEREITUNG

1. Das Mehl, die Trockenhefe, 2 Teelöffel Salz, das Kurkuma und 1 Prise Pfeffer in einer großen Schüssel mischen.

2. Anschließend einen Viertelliter Wasser und das Olivenöl hinzugeben. Alles kurz miteinander verkneten.

3. Nun den geriebenen Käse, die Frühlingszwiebeln, den Schnittlauch und den Knoblauch dazugeben und alles nochmal gut durchkneten.

4. Die Schüssel mit einem feuchten Küchentuch abdecken und den Teig an einem warmen Ort etwa 1 Stunde gehen lassen, bis sich sein Volumen ungefähr verdoppelt hat.

5. Knete den Teig nun auf einer leicht bemehlten Arbeitsfläche nochmals kurz durch und gib ihn in eine gefettete Springform.

6. In der Form den Teig noch einmal 25–30 Minuten gehen lassen. In der Zwischenzeit den Backofen auf 180 °C Ober-/Unterhitze vorheizen.

7. Nachdem der Teig fertig aufgegangen ist, das Brot etwa 35–45 Minuten backen, bis es leicht braun wird.

8. Das Brot vollständig auskühlen lassen, bevor es problemlos aus der Springform genommen werden kann.

Tipp

Dieses herzhafte Brot wird perfekt zu all den herzhaften Leckereien auf dem Brunch-Tisch passen.

Sonntags
BRUNCH

Dänische CROISSANTS

Neudeutsch heißt das wohl Cross-over, für mich
einfach das perfekte Länderspiel!

ZUTATEN

Für 10 Croissants

FÜR DEN TEIG

400 ml lauwarme Milch

50 g Hefe

3 EL Zucker

750 g Weizenmehl (Type 405)
und noch etwas zusätzlich

1 Ei (Größe M)

Salz

250 g Butter

Sesam und Mohn

1 Eigelb (Größe M)

FÜR DIE FÜLLUNG

100 g Marzipanrohmasse

50 g flüssige Butter

50 g brauner Zucker

Zimt

ZUBEREITUNG

1. Gib zuerst die lauwarme Milch in eine Schüssel, brösle die Hefe hinzu und schütte anschließend den Zucker hinein. Verrühre die Mischung gut und lass sie einige Minuten ruhen.

2. Siebe das Mehl in eine große Schüssel und füge anschließend die Hefemischung, das Ei und 1 Prise Salz hinzu. Vermische alles und knete es mit dem Knethaken der Küchenmaschine gut durch.

3. Den Hefeteig im nächsten Schritt mit einem Küchentuch abdecken und an einem warmen Ort etwa 30–45 Minuten gehen lassen, bis sich sein Volumen ungefähr verdoppelt hat.

4. Nimm den Teig aus der Schüssel und rolle ihn auf einer bemehlten Arbeitsfläche zu einem Rechteck aus, das etwa die Maße 20 x 30 cm umfasst. So erneut kurz ruhen lassen.

5. Nun verknetest du die Butter mit etwas Mehl. Die entstandene Masse rollst (oder besser gesagt drückst) du dann ebenfalls zu einem Rechteck mit den im vorherigen Schritt genannten Maßen aus.

6. Lege diese Butterplatte auf das Teigrechteck und drücke die beiden Teile mit dem Nudelholz fest zusammen.

weiter geht's

FORTSETZUNG

7. Nun falte den Teig von der langen Seite her dreimal. Staple ihn also in Dritteln übereinander. Die dadurch entstandene „Teigrolle" anschließend von der kurzen Seite ebenfalls noch dreimal falten, sodass ein Quadrat entsteht. Dieses Teigquadrat in Frischhaltefolie wickeln und im Kühlschrank 30 Minuten kalt stellen.

8. Anschließend das Quadrat wieder auf der bemehlten Arbeitsfläche zu einem Rechteck ausrollen und dieselbe Prozedur wiederholen. Insgesamt habe ich diese Falt- und Kühl-Prozedur viermal durchgeführt. Ganz am Schluss das Teigquadrat noch einmal zum Rechteck ausrollen und nur von der langen Seite her drei Mal falten. Das Ganze nochmal mit dem Nudelholz ausrollen.

9. Rasple die Marzipanrohmasse in eine Schüssel und vermische sie mit der flüssigen Butter, dem Zucker sowie 1 Prise Zimt und streiche die komplette Masse auf die Teigplatte.

10. Anschließend schneidest du mit einem scharfen Messer 10 gleichmäßige Teigdreiecke aus der Teigplatte und rollst diese von der langen Seite her auf, sodass die typische Croissant-Form entsteht.

11. Lege sie auf ein mit Backpapier ausgelegtes Backblech und bestreiche die Teiglinge mit dem verquirlten Eigelb.

12. Heize deinen Backofen jetzt auf 225 °C Ober-/Unterhitze vor. Bestreue die Croissants abwechselnd mit etwas Mohn und Sesam und lasse sie nochmals 15 Minuten gehen.

13. Backe die Croissants in etwa 12–15 Minuten goldgelb.

Tomaten-Speck-
MARMELADE

Wer sagt, dass Marmelade immer süß und klebrig
sein muss? Hier kommt ein Rezept für die handfesten
Frühstückskerle (und Mädels) unter euch!

ZUTATEN

Für 2 Gläser (à 250 ml)

8 Scheiben Frühstücksspeck

1 mittelgroße Zwiebel, gewürfelt

700 g Tomaten, enthäutet und
grob gewürfelt

2 TL geräuchertes Paprikapulver

½ TL Chiliflocken

150 g brauner Zucker

2 TL weißer Zucker

1 EL Apfelessig

1 TL Salz

Cayenne-Pfeffer

AUSSERDEM

hochwandige Pfanne

2 Marmeladengläser (250 ml),
ausgekocht

ZUBEREITUNG

1. Den Speck in einer hochwandigen Pfanne knusprig ausbacken und
zum Abtropfen auf ein Küchentuch legen.

2. Behalte etwa 2 Teelöffel des Speckfetts aus der Pfanne, den Rest
kannst du jetzt abgießen. Die gewürfelte Zwiebel in dieselbe Pfanne geben und 4 Minuten glasig andünsten.

3. Den Speck zerkrümeln und ihn zusammen mit den Tomaten, dem
Paprikapulver, den Chiliflocken, dem Zucker, dem Apfelessig, dem Salz
sowie 1 Prise Cayenne-Pfeffer zu den Zwiebeln in die Pfanne geben.
Erhöhe kurz die Hitze, bis alles sanft köchelt.

4. Sobald die Masse einmal aufgekocht ist, die Hitze wieder reduzieren
und das Ganze etwa 45–60 Minuten simmern lassen, bis die Masse
langsam beginnt in der Pfanne einzudicken.

5. Fülle die Marmelade im nächsten Schritt in zwei gesäuberte (am besten
ausgekochte) Marmeladengläser.

6. Wer die Marmelade nicht auf einen Schwung auffuttert, kann sie gerne
bis zu 14 Tagen im Kühlschrank aufbewahren.

Tipp

Die Marmelade schmeckt ausgezeichnet
zu herzhaften Waffeln, Crackern, Käse oder
auch zu gekochten Eiern – und natürlich
nicht nur zum Frühstück.

Tipp

Wer mag, kann auch noch etwas Zimt
und Zucker verarbeiten – dann hat man
das typische French-Toast- bzw. French-
Waffle-Erlebnis.

Ricotta-Beeren-
WAFFELAUFLAUF

Sollten wider Erwarten jemals Waffeln übrigbleiben, ist dies hier
der aller perfekteste Waffelreste-Verwerte-Auflauf der Welt!

ZUTATEN

Für 6 Portionen

FÜR DIE WAFFELN

500 ml Buttermilch
6 Eier (Größe M)
12 EL weiche Butter
1 TL Vanilleextrakt
300 g Weizenmehl (Type 405)
3 TL Backpulver
Salz

FÜR DIE FÜLLUNG

500 g Ricotta
2 Eier (Größe M)
150 g Zucker
1 TL Vanilleextrakt
600 g gemischte Beeren, nach Belieben

FÜR DAS TOPPING

2 Eier (Größe M)
2 Tassen Milch
150 g Beeren, nach Belieben
2 EL Puderzucker

AUSSERDEM

Waffeleisen
Auflaufform (20 x 30 cm)

ZUBEREITUNG

1. Die Buttermilch, die Eier, die Butter und das Vanilleextrakt in einer
großen Schüssel vermischen. Das Mehl zusammen mit dem Backpulver
und 1 Prise Salz schrittweise hinzugeben und alles zu einem glatten
Teig verrühren. Am besten gelingen die Waffeln, wenn der Teig ungefähr 20 Minuten ruhen kann.

2. Die Waffeln im Waffeleisen hellbraun ausbacken und – nach Möglich-
keit – noch nicht naschen, denn du hast noch Großes mit ihnen vor.

3. Den Backofen in der Zwischenzeit auf 175 °C Umluft vorheizen.

4. Den Ricotta zusammen mit den Eiern und dem Zucker in eine
Schüssel geben und alles verrühren. Füge anschließend das Vanilleextrakt hinzu und hebe die gewaschenen Beeren vorsichtig unter.

5. Die Auflaufform mit einer Lage Waffeln auslegen.

6. Die Beeren-Ricotta-Creme auf die Waffeln geben und alles mit einer
zweiten Schicht Waffeln bedecken.

7. Verquirle für das Topping die beiden Eier mit der Milch und gieße
das Gemisch vorsichtig über die Waffeln.

8. Die Auflaufform in den vorgeheizten Ofen schieben und alles etwa
45–50 Minuten backen, bis die obere Schicht goldbraun geworden ist.

9. Den Auflauf aus dem Ofen nehmen und etwas abkühlen lassen.
Anschließend mit den übrig gebliebenen Beeren dekorieren und nach
Belieben Puderzucker darüber streuen.

Süße Focaccia
MIT NÜSSEN

Knusper, knusper, Knäuschen …

ZUTATEN

Für 4 Portionen

300 g Weizenmehl (Type 405)

1 Päckchen Trockenhefe

½ TL Salz

2 EL Zucker

5 EL Sonnenblumenöl

100 g gemischte Nüsse, grob gehackt

3 EL Walnussöl

2 EL Honig

1 TL Zimt

AUSSERDEM

Küchenmaschine, optional

ZUBEREITUNG

1. Mehl, Trockenhefe, Salz, Zucker, Sonnenblumenöl und 160 ml lauwarmes Wasser mit den Knethaken der Küchenmaschine oder mit den Händen mindestens 3 Minuten zu einem glatten Teig verkneten.

2. An einem warmen Ort sollte er zugedeckt mindestens 45 Minuten gehen. Sein Volumen sollte sich etwa verdoppeln.

3. Als Nächstes ungefähr die Hälfte der gehackten Nüsse zum Teig geben und alles nochmals gut durchkneten.

4. Einen rechteckigen Fladen (ca. 20 x 30 cm) formen und auf ein mit Backpapier ausgelegtes Backblech legen. Den Teig anschließend nochmals etwa 15 Minuten gehen lassen.

5. In der Zwischenzeit kann schon einmal der Backofen auf 200 °C Ober-/Unterhitze vorgeheizt werden.

6. Drücke mit den Fingerspitzen kleine Mulden in den Fladen und beträufle ihn mit dem Walnussöl.

7. Die Focaccia auf mittlerer Schiene ungefähr 10 Minuten backen lassen, dann mit den restlichen Nüssen bestreuen. Honig mit Zimt vermischen und gleichmäßig darüber träufeln. Zuletzt für weitere 10 Minuten backen, lauwarm servieren und genießen.

Tipp

Wer es doch lieber herzhaft mag, der verwendet anstatt Sonnenblumen- und Walnussöl einfach Olivenöl und lässt den Zucker weg. Anstatt des Honigs und des Zimts Rosmarin und grobes Meersalz darüber streuen.

Tipp

Anstatt des Specks kannst du auch eine schöne, scharfe Chorizo in Scheiben unter die Kartoffeln mischen!

Tortilla mit Roter Bete,
THYMIAN UND SPECK

Da kommt einem der Frühstückshunger spanisch vor!

ZUTATEN

Für 1 Pfanne (Ø 22 cm)

300 g festkochende Kartoffeln
2 Zwiebeln
4 Scheiben Frühstücksspeck
Olivenöl
8 Eier (Größe M)
Salz
Pfeffer
frischer Thymian
2 kleine Rote Bete, geschält,
in dünne Scheiben geschnitten

AUSSERDEM

ofenfeste Pfanne (Ø 22 cm)

ZUBEREITUNG

1. Zuallererst den Backofen auf 175 °C Umluft vorheizen. Die Kartoffeln schälen und in gleichmäßige Scheiben schneiden. Die Zwiebeln ebenfalls schälen und in Ringe schneiden.

2. Brate den Frühstücksspeck in einer separaten Pfanne ohne Fett knusprig aus und stelle ihn vorerst zur Seite.

3. Etwas Olivenöl und die Kartoffelscheiben in die Pfanne geben und sie bei mittlerer Hitze sanft anbraten lassen (nicht knusprig wie Bratkartoffeln, sondern nur leicht garen).

4. Sobald die Kartoffelscheiben halb gar sind, die Zwiebelringe hinzugeben und glasig mitdünsten lassen.

5. Die Eier in eine Schüssel aufschlagen, mit Salz, Pfeffer und etwas Thymian würzen und die Eimasse verquirlen.

6. Die gegarten Kartoffeln und Zwiebeln anschließend zu den verquirlten Eiern geben und alles gut miteinander verrühren.

7. Fette nun die ofenfeste Pfanne mit etwas Olivenöl ein.

8. Eine Hälfte der Eier-Kartoffel-Masse in die Pfanne geben und darauf eine Hälfte des zerbröselten Specks und der Roten Bete verteilen. Anschließend kommt die zweite Lage Kartoffeln und darauf der Rest des Specks und der Roten Bete.

9. Die Tortilla insgesamt etwa 30 Minuten garen.

10. Nimm die Tortilla aus dem Ofen, lass sie ein wenig abkühlen und schneide sie zum Servieren in kleine Stücke.

Frühlingszwiebel-TARTE

Wenn man mit etwas Leckerem mal so richtig
Eindruck schinden möchte!

ZUTATEN

Für 1 Tarte-Form (20 x 30 cm)

FÜR DEN TEIG

250 g Dinkelmehl (Type 1050)
½ TL Salz
125 g weiche Butter
1 Ei (Größe M)

FÜR DIE FÜLLUNG

1 Bund Frühlingszwiebeln
3 Eier (Größe M)
150 g Sahne
50 g geriebener Gouda
Salz
Pfeffer
etwas Muskatnuss, gerieben

AUSSERDEM

rechteckige Tarte-Form (20 x 30 cm)
Butter zum Einfetten
Mehl für die Arbeitsfläche
Nudelholz

ZUBEREITUNG

1. Für den Teig Mehl mit dem Salz mischen, die Butter, 1 Ei und etwa 3 Esslöffel Wasser hinzufügen. Alles mit den Händen zu einem glatten Teig verkneten. Bei Bedarf etwas mehr Wasser zugeben. In Folie wickeln und bis zur Verwendung kalt stellen.

2. Die Frühlingszwiebeln waschen, die Wurzeln und gegebenenfalls etwas vom Grün abschneiden und alle auf die gleiche Länge trimmen.

3. Die restlichen Eier mit der Sahne verquirlen und den Käse untermischen. Würze die Masse nach Belieben mit Salz, Pfeffer sowie Muskatnuss und stelle sie vorerst abgedeckt beiseite.

4. In der Zwischenzeit den Backofen auf 200 °C Ober-/Unterhitze vorheizen und die Tarte-Form fetten.

5. Den Teig auf einer leicht bemehlten Arbeitsfläche gut durchkneten und ihn dünn ausrollen. Die Form damit auslegen und den Boden und Rand mehrmals mit einer Gabel einstechen.

6. Anschließend die Eimasse auf den Teigboden geben und gleichmäßig mit den Frühlingszwiebeln belegen.

7. Die Tarte im heißen Ofen etwa 30–35 Minuten backen lassen.

Tipp

Wer es noch herzhafter möchte, kann auch noch etwas Speck oder Schinken unter die Eimasse mischen.

Rhabarber-Ricotta-
SCHNECKEN

**Wetten, ihr könnt nach der ersten Schnecke nicht aufhören?
Sie sind einfach zu köstlich!**

ZUTATEN
Für 12 Stück

FÜR DIE SCHNECKEN
200 g Rhabarber
170 g Zucker
½ Würfel frische Hefe
200 ml Milch
700 g Weizenmehl (Type 405)
½ TL Salz
2 Eier (Größe M)
70 g Pflanzenöl
150 g Ricotta

FÜR DIE GLASUR
200 g Puderzucker
etwas Zitronensaft
gefriergetrocknete Himbeeren oder
Himbeerpulver nach Belieben

AUSSERDEM
Öl zum Einfetten
Mehl für die Arbeitsfläche
Nudelholz

ZUBEREITUNG

1. Zunächst den Rhabarber putzen und in Stücke schneiden.

2. 100 ml lauwarmes Wasser, 70 g von dem Zucker und die Hefe in eine große Schüssel geben und miteinander verquirlen. Die Mischung ungefähr 3 Minuten stehen lassen, bevor sie weiterverarbeitet wird.

3. Nun die Milch und etwa 200 g Mehl hinzufügen, alles gut verrühren und nochmals 3–5 Minuten ruhen lassen.

4. Das restliche Mehl, das Salz, die Eier und das Öl daruntermischen und alles zu einem glatten Teig kneten.

5. Den Teig in eine leicht geölte Schüssel umfüllen und abgedeckt 1 Stunde gehen lassen. Das Volumen sollte sich etwa verdoppeln.

6. In der Zwischenzeit die Rhabarberstücke mit dem restlichen Zucker vermischen und ebenfalls ziehen lassen.

7. Als Nächstes die Rhabarber-Mischung in ein Sieb geben und gut abtropfen lassen. Von dem gezuckerten Saft werden etwa 2–3 EL aufgefangen und mit dem Ricotta vermischt.

8. Den Backofen auf 180 °C Umluft vorheizen. In der Zwischenzeit den Teig auf einer bemehlten Arbeitsfläche zu einem Rechteck (40 x 50 cm) ausrollen und mit dem Ricotta bestreichen.

9. Anschließend die Rhabarberstücke gleichmäßig darauf verteilen und den Teig von der langen Seite her aufrollen.

10. Lege zunächst ein Backblech mit Backpapier aus und schneide die Rolle in ungefähr 3–4 cm breite Scheiben.

11. Die Schnecken auf das Backblech legen und nochmals 15 Minuten gehen lassen, bevor sie in den heißen Ofen geschoben werden.

12. 15–20 Minuten backen, bis sie leicht braun sind. Nach dem Herausnehmen komplett auskühlen lassen.

13. Vermische Puderzucker und Zitronensaft zu einem gleichmäßigen, dickflüssigen Guss und bestreiche die Schnecken damit. Wer mag, gibt noch die zerbröselten Himbeeren sowie Himbeerpulver darüber.

Apfel-Gorgonzola-
KÜCHLEIN

Apfelküchle, wie sie bei uns im Ländle heißen, einmal anders!

ZUTATEN

Für 16 Stück

1 mittelgroßer, säuerlicher Apfel
(z. B. Braeburn oder Boskop),
geschält und geviertelt

1 rote Zwiebel

2 EL Schnittlauch, gehackt

80 g milder Gorgonzola

50 g Dinkelmehl (Type 630)

1 TL Backpulver

2 Eier (Größe M)

Salz

Pfeffer

Öl zum Ausbacken

Crème fraîche, nach Belieben

ZUBEREITUNG

1. Den Apfel reiben und die Zwiebel in kleine Würfel schneiden.

2. Den Apfel und die Zwiebel mit dem gehackten Schnittlauch, dem Gorgonzola, dem Mehl, dem Backpulver sowie den Eiern in einer großen Schüssel mischen und alles mit Salz und Pfeffer würzen.

3. Etwas Öl in eine Pfanne und nacheinander teelöffelgroße Teigmengen in das heiße Fett geben. Die Küchlein schwimmend im Fett ausbacken.

4. Die Küchlein am besten zum Abtropfen auf ein Küchenpapier legen, um das überschüssige Fett zu entfernen.

5. Am besten schmecken sie lauwarm mit etwas Crème fraîche.

Tipp

Anstatt der Äpfel kannst du natürlich auch Birnen verwenden. Mit einem herzhaften Bergkäse anstatt des Gorgonzolas wird das Ganze im Geschmack etwas intensiver.

Tipp

Für die Erdnussbutterjunkies unter euch:
Einfach die Mandelcreme gegen Erdnuss-
butter und die gebrannten Mandeln gegen
Erdnüsse austauschen!

Apfel-Brioche-Kranz
MIT GEBRANNTEN MANDELN

Wer sagt denn, dass gebrannte Mandeln nur zu Weihnachten
auf den Tisch kommen sollen?

ZUTATEN

Für 1 Springform (Ø 28 cm)

FÜR DIE GEBRANNTEN MANDELN

Mark von 1 Vanilleschote
200 g Zucker
1 TL Zimt
200 g Mandeln, mit Haut

FÜR DEN TEIG

475 g Weizenmehl (Type 405)
25 g Vanillepuddingpulver
50 g Zucker
1 Päckchen Trockenhefe
Salz
2 Eier (Größe M)
75 g weiche Butter
175 ml lauwarme Milch

FÜR DIE FÜLLUNG

2 kleine, säuerliche Äpfel
(z. B. Braeburn oder Boskop)
Zitronensaft (optional)
200 g Mandelcreme
(aus dem Supermarkt)

AUSSERDEM

Küchenmaschine
Mehl für die Arbeitsfläche
Nudelholz
Springform (Ø 28 cm)
1 Eigelb (Größe M) zum Bestreichen

ZUBEREITUNG

1. Das Vanillemark mit dem Zucker und dem Zimt vermischen und die Mischung in einer hohen Pfanne oder einem Topf mit 200 ml Wasser ohne Rühren (!) zum Kochen bringen.

2. Die Mandeln zugeben und alles unter ständigem Rühren (ja, jetzt darfst du) bei starker Hitze weiterkochen, bis der Zucker trocken wird. Die Hitze reduzieren und so lange in der Pfanne lassen, bis der Zucker leicht zu schmelzen beginnt und die Mandeln etwas glänzen.

3. Ein Blech mit Backpapier auslegen, die Mandeln darauf geben. Mit zwei Gabeln leicht auseinander ziehen und vollständig trocknen lassen.

4. Für den Teig Mehl sowie Puddingpulver mit dem Zucker, der Hefe und 1 Prise Salz in eine Rührschüssel geben und vermischen. Anschließend die Eier, die Butter und die Milch hinzugeben und alles mit dem Knethaken gut durchkneten.

5. Die Schüssel mit einem feuchten Küchentuch oder mit Frischhaltefolie abdecken. Den Teig an einem warmen Ort 1 Stunde gehen lassen.

6. Die Äpfel schälen und in kleine Stücke schneiden. Falls sie zu braun werden, etwas Zitronensaft hinzugeben,

7. Die ausgekühlten gebrannten Mandeln grob kleinhacken. Den Backofen auf 180 °C Ober-/Unterhitze vorheizen.

8. Den Teig auf eine bemehlte Arbeitsfläche geben und zu einem Rechteck (etwa 30 x 40 cm) ausrollen.

9. Bestreiche das Teigrechteck nun mit der Mandelcreme (die Ränder dabei frei lassen) und gib die Apfelwürfel sowie die gehackten Mandeln hinzu. Nun von der langen Seite her fest aufrollen.

10. Die Teigrolle in der Mitte durchschneiden, die beiden Stränge ineinander verdrehen und daraus einen Kranz formen.

11. Den Kranz in eine gefettete Springform legen und mit dem verquirlten Eigelb bestreichen. Im vorgeheizten Ofen etwa 30 Minuten backen, bis er goldbraun ist.

#
Breakfast
BAKED POTATOES

High Carb — High Five in the morning. Low Carb können
wir dann zum Abendessen wieder praktizieren.

ZUTATEN

Für 4 Portionen

4 große, mehlig kochende Kartoffeln
50 g Speck, gewürfelt
Salz
Pfeffer
50 g Cheddar, gerieben
4 Eier (Größe M)
2 TL Schnittlauch, gehackt

ZUBEREITUNG

1. Den Backofen auf 200 °C Ober-/Unterhitze vorheizen.

2. Die Kartoffeln waschen und ungefähr 45 Minuten auf den Rost in den vorgeheizten Backofen legen.

3. Die vorgegarten Kartoffeln aus dem Ofen nehmen und etwas abkühlen lassen, bis du sie gefahrlos anfassen kannst.

4. Bei allen Kartoffeln einen Deckel abschneiden und sie anschließend aushöhlen. Am besten geht das mit einem Eisportionierer.

5. Den Speck in eine Pfanne geben und knusprig anbraten.

6. Würze nun die ausgehöhlten Kartoffeln innen mit Salz und Pfeffer und fülle als Erstes etwas von dem geriebenen Käse in das Loch.

7. Jeweils ein Ei in jede Kartoffel schlagen, den restlichen Käse und den Speck gleichmäßig auf alle Kartoffeln verteilen.

8. Alles wieder in den heißen Ofen schieben und etwa 10 Minuten backen, bis das Eiweiß fest geworden ist.

9. Die Baked Potatos aus dem Ofen herausnehmen und sie vor dem Servieren mit Schnittlauch bestreuen.

Tipp

Die Füllung kannst du auch variieren: Verwende statt des Specks Schinken, statt des Cheddars einen anderen oder keinen Käse, vielleicht einen kleingeschnittenen Apfel und Zwiebeln … as you like.

REGISTER

DANKE

Wenn mir jemand noch vor ein paar Jahren gesagt hätte, ich würde ein Buch schreiben, ein Buch fotografieren und für ein Buch kochen und backen, den hätte ich wohl entweder für einen Träumer oder aber einen realitätsfernen Spinner gehalten. Derjenige, der dies hätte sein können, weil er glücklicherweise ein Träumer, aber keinesfalls ein Spinner ist, sondern jemand, der immer und überall an mich glaubt, mich bestärkt, meine Zweifel auslöscht und mich so sein lässt, wie ich bin, bist du, **mein Schatz!** Ich danke dir für deine Geduld, deine Motivationsschubser, wenn es mal nicht so laufen wollte, wie es sollte, deine wertvolle Unterstützung bei allem – und damit meine ich nicht die banalen Dinge wie Einkaufen, Abwaschen, endloses Probeessen und Verschieben von Terminen – nein! Ohne dich wäre UNSER Buch nur halb so schön geworden, wie es nun ist. Ich liebe dich, Herr Tausendschön!

Wer mich kennt, der weiß, dass ich ein wahres Mama-und-Papa-Kind bin. Ohne die beiden bin ich nichts – nicht kreativ, nicht lustig, nicht fröhlich, nicht … ich! **Liebe Mama, lieber Papa** – vielen Dank, dass ihr immer hinter eurem Kind steht, euch jede neue Flause im Hirn eures Kindes, zwar manchmal kopfschüttelnd, anhört und manchmal auch gutheißt. Ich weiß, ihr habt euch manchmal ganz schöne Sorgen um mich gemacht – keine Angst, auch ich werde irgendwann mal vernünftig! Ich danke euch dafür! Mein lieber **Kater Tausendschön**, hätte ich ein Kind, würde es heißen wie du! Schön, dass du uns als Eltern ausgesucht hast! **Liebe Omili,** wenn mir irgendjemand die Liebe zum Backen mit auf den Weg gegeben hat, dann du. Vielen lieben Dank!

Bedanken möchte ich mich außerdem bei jemandem, der in den letzten Jahren, zuerst virtuell und dann ziemlich real einer meiner besten Freunde geworden ist: **lieber Patrick,** vielen Dank für deine Freundschaft, für deine unnachahmliche Art, mich zum Lachen zu bringen und all deine Hilfe und Unterstützung. Ich schätze deinen Rat sehr. Immer! Schön, dass es dich gibt!

Kerstin, ich weiß, ich habe dich mit „Kann man das Bild denn so lassen?" manchmal ziemlich genervt, aber auf deine fotografischen Augen kann ich mich einfach verlassen. Ich danke dir für deine Geduld und all deine Hilfe!

Und zu guter Letzt - ein RIESIGES Dankeschön an euch, **meine Leser von Tinas Tausendschön.** Ihr wart und seid der beste Ansporn, immer noch ein bisschen mehr zu probieren.

Bedanken möchte ich mich außerdem gerne bei:

Zwilling J.A. Henckels AG und Staub Deutschland für all die wunderbaren Küchenhelfer, scharfen Messer und schweren Töpfe, die mir meinen Küchenalltag täglich immer wieder verschönern.

Broste Copenhagen für das traumhaft schöne Geschirr, das ich zum Shooten dieses Buches verwenden durfte. Pssst – ich will es nicht mehr missen!

Springlane für den tollen Hochleistungsmixer, der mich durch so manche Smoothie-Experimente treu begleitet hat.

Sony Deutschland für die beste Kamera und Objektive ever. Ich habe immer noch jeden Tag beim Fotografieren ein Grinsen im Gesicht!

ÜBER DIE AUTORIN

Die Badenerin Christina „Tina" Bumann lebt und liebt Food. Und zwar von A bis Z: das Rezept erst einmal selbst zu entwickeln, sich beim anschließenden Einkauf weiter inspirieren zu lassen, es dann tatsächlich zu kochen – und zwar einfach und ohne Chichi –, das fertige Gericht schließlich auf kreative Weise anzurichten, dabei das Beste herauszuholen, um der letztendlichen Bildkomposition einen außergewöhnlichen Charakter zu verleihen.

In ihrer Leidenschaft, einfach nur für Freunde und Familie zu kochen und ganz Gastgeberin zu sein, geht sie vollkommen auf. Mit ihrer Hingabe und ihren Kreationen zwischen bodenständiger und abwechslungsreicher Küche verzaubert sie ihre Gäste jedes Mal aufs Neue.

Auf ihrem Blog tinastausendschoen.de findet man tolle, abwechslungsreiche Rezeptideen mit einer Vielzahl von stimmungsvollen und einladenden Bildern. „Fotos, bei denen jedem direkt das Wasser im Munde zusammenläuft." Tina arbeitet als freie Fotografin, Foodstylistin und Rezeptentwicklerin. Ihre Fotos schmücken zahlreiche Cover und Magazinseiten, Homepages und Social-Media-Kanäle.

Tina selbst ist inzwischen in einem Alter, das sie früher schon als alt bezeichnet hat. Sie ist ein laufender Meter, sommersprossiger Sonnenschein, verliebt und verheiratet. Sie lebt im Badener Land, unterstützt von ihrem Mann und Kater, in der Nähe von Karlsruhe. Sie spricht, nach eigenem Bekunden, mittlerweile fließend Hochdeutsch. Sie liebt, neben ihrer Familie, dem Kochen und Fotografieren, Hamburg, Dänemark und Italien.

IMPRESSUM

Bibliografische Information der Deutschen Bibliothek.

Die Deutsche Bibliothek verzeichnet diese Publikation in der deutschen Nationalbibliografie. Detaillierte bibliografische Daten sind im Internet über http://www.d-nb.de/ abrufbar.

Ein Buch der Edition Michael Fischer

1. Auflage 2017

Alle Rechte dieser Ausgabe bei © Edition Michael Fischer GmbH, Igling
Covergestaltung und Layout: Michaela Zander
Fotografie und Rezepte: Tina Bumann
Lektorat: Stefanie Egner, Saskia Wedhorn
Satz: Maximilian Bachmann

ISBN 978-3-86355-652-5

Printed in Slovakia

www.emf-verlag.de